AF259783

LE

MARIAGE CHRÉTIEN

LE
MARIAGE CHRÉTIEN

ALLOCUTION

PRONONCÉE DANS L'ÉGLISE SAINT-SULPICE

Le 12 février 1877

PAR

Mgr MERMILLOD

ÉVÊQUE D'HÉBRON

VICAIRE APOSTOLIQUE DE GENÈVE

PARIS

IMPRIMÉ PAR PILLET ET DUMOULIN

5, RUE DES GRANDS-AUGUSTINS, 5

1877

On lisait, dans le journal l'Univers du 18 février 1877 :

« *L'allocution prononcée à Saint-Sulpice, par monseigneur Mermillod, le 12 février, à l'occasion du mariage du vicomte d'Allard, officier de chasseurs à pied, avec la fille d'un de nos collaborateurs, a produit une si vive et si profonde impression que nous croyons devoir essayer de la publier intégralement. Nous savons bien que la parole de monseigneur Mermillod est privilégiée; elle a une grâce, un accent, une pénétration qu'un texte imprimé, si fidèle qu'on le puisse donner, ne saura jamais reproduire. Mais à travers les charmes exquis de cette éloquence merveilleuse, rayonnent les splendeurs fécondes de l'enseignement de l'Église, source et force tout à la fois, de l'éloquence et de la vérité.*

« *Au moment où le mariage chrétien est atta-*

qué de toutes parts, sifflé sur les théâtres, honni dans les romans, outragé dans les journaux, traîné et accusé dans l'arène législative, il doit être opportun de rappeler la doctrine de l'Église sur ce grand sacrement.

« Dans la délicatesse et l'harmonie d'une parole ravissante et inspirée, dont on voudrait multiplier les échos, monseigneur Mermillod a exprimé et chanté cet enseignement divin avec la précision d'un docteur et la force d'un apôtre. L'intérêt majeur de la vérité nous fait passer par-dessus les scrupules et les réserves de deux familles chrétiennes. Il doit nous être permis, d'ailleurs, de répéter dans nos colonnes ce qui a été dit publiquement dans l'assemblée des fidèles.

« Nous avons recueilli nos souvenirs et compulsé diverses notes ; nous croyons notre texte exact et même complet. Ce n'est cependant plus la parole de l'orateur ; ce n'est plus la vie et la flamme sortant des lèvres de l'apôtre : c'est toujours l'enseignement solide de l'Église, enseignement merveilleux dans son inspiration comme dans ses conséquences pratiques, harmo-

*nieux et sublime dans ses préceptes et ses déduc-
tions, qui édifie la famille, consolide les socié-
tés et donne aux âmes la paix, l'aliment et
toutes les joies nécessaires à leur salut et à leur
vie. »*

Ces réflexions du journal sont les nôtres; elles
nous engagent à ne pas laisser ce grand et substan-
tiel enseignement confié à une simple feuille vo-
lante. Nous reproduisons le texte donné par
l'UNIVERS après l'avoir, à notre tour, autant qu'il
nous a été possible, complété et corrigé sur les
souvenirs et les notes de divers assistants.

L'ÉDITEUR

Haurietis aquas in gaudio de fontibus Salvatoris. Is., XII.

JEUNES ÉPOUX,

os familles m'ont convié à appeler la bénédiction de Dieu sur l'union que vous allez contracter. Il a été doux au cœur de l'évêque, et j'ajoute au cœur de l'ami, de répondre à cette cordiale et pieuse invitation.

Quelquefois, quand l'Église bénit des alliances, elle apporte avec ses bénédictions des alarmes et des inquiétudes. Dans nos temps si troublés et si semés d'angoisses, en effet, il lui arrive trop souvent, lorsqu'elle jette un regard sur l'avenir des jeunes époux, de ne pas en voir les routes préparées par les anges du Seigneur !

Ces angoisses qui torturent l'âme sacerdotale sont bien étrangères à mon cœur, à l'heure présente ! Il semble que tout, dans de constantes et douces bénédictions, dans les présages les plus aimables et les plus consolants de l'avenir ; tout, la foi, la piété, l'Église, l'amitié, la famille, le service des grandes choses de l'âme, de Dieu, de l'Église et de la patrie, tout, comme dans un doux et attendrissant rendez-vous, concourt ici à appeler sur vos cœurs les bénédictions qui font les foyers chrétiens et les foyers heureux.

Hélas ! on a prétendu que la fondation du foyer était une œuvre humaine ; c'est même là une de ces nombreuses erreurs contemporaines qui tourmentent les âmes et dévastent les familles.

Le foyer est l'œuvre de Dieu. Dès l'origine des choses, Dieu a créé la famille, comme il a créé la société.

Les hommes ont-ils tenté d'unir deux cœurs et d'associer deux âmes ?..... Les impuissantes fragilités de l'humanité, des décadences irrémédiables sont venues constater que Dieu seul pouvait fonder la famille et la perpétuer, comme il l'a créée au printemps de la création.

C'était alors dans les splendeurs de la grâce originelle, sous les berceaux de l'Éden primitif, à ce moment où Dieu ayant édifié ce palais, selon le langage de Bossuet, il allait y appeler le roi de la création et lui confier un sceptre. *Dominamini*[1]. Tout avait passé sous le regard, sous la main, sous la puissance d'Adam.

Dieu contemple ce dominateur ; et, après s'être applaudi, il se dit à lui-même : Il n'est pas bon que l'homme soit seul[2]. La solitude, en effet, lui serait funeste. Comme il le fera chanter plus tard par son Esprit : Malheur à celui qui est seul ! *Væ soli*[3] ! Et envoyant le sommeil mystérieux, sommeil précurseur et symbolique du sommeil de la croix, il prit une partie du bouclier qui recouvrait la poitrine d'Adam, et il en fit la compagne de ses jours : et lui, Adam, se réveillant de ce sommeil mystique, il la regarde et s'écrie dans le premier

1. Genèse, I, v. 28.
2. Genèse, II, v. 18.
3. Eccl., IV, v. 18.

cantique des joies de la famille : « C'est l'os de mes os et la chair de ma chair[1]. » Et tous deux se tenant par la main et s'agenouillant sous le regard de Dieu, Dieu leur donne cette première bénédiction que rien n'a arrêtée depuis, comme nous lisons dans notre sainte liturgie, ni les ruines du péché, ni le châtiment du déluge, ni même les perversités du démon ! cette bénédiction qui se perpétue, qui est la migration du sang à travers les races et à travers les siècles !

C'est Dieu qui a fait la famille. Il l'a fondée et abritée sous l'étrange et mystérieuse union de deux cœurs. Dieu se joue avec les difficultés : il se plaît à rire des faiblesses de l'homme. Quand il voulut faire son Église sainte, son épouse, son épouse unique, à qui il s'unit par un lien indissoluble, il prit ce que saint Paul appelle la balayure de ce monde, *peripsema*[2], il prit un homme à la merci du premier sabre qui peut trancher une tête, et il en a fait la fondation de son Église : Tu es Pierre et sur cette

1. Gen., II, v. 23.
2. I Cor., IV, v. 23.

pierre je bâtirai mon Église ! Quant il veut
fonder la famille, il prend le cœur humain,
cette chose inconstante et mobile, ces flots per-
pétuellement agités et ballottés de toutes parts,
ridés au premier souffle qui passe : ce petit
océan semé d'orages, de naufrages, de tempê-
tes et de deuil; et il bâtit la famille sur le cœur
humain.

Les hommes étonnés ont cherché une autre
solution, ils en ont imaginé deux : la solution
antique et la solution moderne. La solution
antique, c'est la force, la brutalité de l'époux,
la domination de celui qui a la puissance virile.
Ils jetaient la pauvre femme à un foyer sans
droits, sans honneur, sans dignité, sans paix,
sans joie, sans sourire : instrument fécond et
profané, rejeté au loin.

Quand le Christ descendit sur la terre, lui
l'aimable et gracieux restaurateur de toutes
choses, il daigna s'asseoir à un foyer nuptial, à
une table bénie des noces. Devant ce contrat
premier des âmes, devant cette association
organisée par Dieu et abaissée par le vieux
paganisme et les vieilles civilisations, qui lui

avaient imprimé je ne sais quelle flétrissure,
Jésus-Christ prit la famille meurtrie ; il s'in-
clina comme le charitable Samaritain et versa
l'huile et le baume ; il guérit les blessures. Il
éleva le mariage à cette grande majesté de sacrement que le monde moderne ne comprend pas
toujours : le sacrement pour lequel, depuis dix-
neuf siècles, nous combattons ; pour lequel nous
avons, nous, Église, sacrifié l'Ile des Saints au
XVIe siècle ; pour lequel nous avons sacrifié en
même temps une partie de l'Allemagne, et
pour lequel nous sacrifions aujourd'hui notre
popularité, emportant dans nos mains libres
et épiscopales et dans la dignité de la pa-
pauté, ce foyer chrétien que vous ne savez
dans votre monde moderne que déshonorer
de toutes manières, par vos théâtres et par vos
mœurs, et que vous ne pouvez défendre par
vos lois.

Ce que Dieu a fait dans sa grandeur et dans
sa majesté, cette union intime de deux âmes,
c'est la dignité du. contrat primitif et c'est
aussi la dignité bien plus grande du sacrement,
ce sacrement grand devant Dieu et dans l'É-

glise, comme parle saint Paul[1] ! Depuis qu'il y a des chrétiens, il est impossible de séparer le contrat du sacrement. Il peut y avoir des sacriléges ! il peut y avoir je ne sais quoi qui rende présentes comme des malédictions divines à l'heure même où sont appelées les bénédictions ; mais il y a toujours le sacrement ou sanctifié ou profané.

Pourquoi dire ces choses ? Il me semble que je ne devrais pas vous rappeler ces grands principes, que je ne devrais pas redire ces magnifiques et terribles souvenirs, ces sublimes et redoutables enseignements. Tout ici voudrait écarter les sombres images. Je ne vois devant vous que des perspectives riantes et gracieuses ; je ne vois que les meilleures bénédictions de Dieu et les plus doux auspices de la terre. Dans cette union que vous allez contracter, jeunes époux, vous allez fonder ce foyer chrétien dont je parlais tout à l'heure ; vous l'allez fonder, et vous aurez de mutuels devoirs.

La famille, c'est l'unité, c'est l'union de deux

1. Éphés., v, v. 32.

âmes, l'association de deux cœurs, la communauté de la foi. Deux âmes qui croient, deux âmes qui s'inclinent, deux âmes qui prient et qui reproduisent chaque jour et chaque dimanche, aux solennités de la sainte Église, l'émouvant et magnifique tableau que Tertullien a peint d'un pinceau si énergique, le tableau de la vie des premiers siècles : c'est la communauté de la foi et la communauté de la prière.

Vous avez déjà prié ensemble ; vous vous êtes agenouillés ensemble à la table sainte ; et hier votre allégresse est allée préluder, sur le tombeau des martyrs, à ces fêtes d'aujourd'hui, comme si vous vouliez parer, comme jadis dans les catacombes, des fleurs de l'espérance et du sacrifice, ces grandes joies du mariage chrétien !

Vous vous êtes donc préparés par cette communauté de la foi et par cette communauté de la prière, à la communauté du travail. Nul n'est exempt de cette loi du travail. Je l'ai dit plus d'une fois dans les chaires de cette grande capitale : les riches sont payés d'avance, mais la loi du travail pèse sur tous. Vous travaillerez ensemble dans la communauté de la pensée, dans la communauté du cœur et du caractère, et aussi dans la communauté des joies et des sacrifices. La famille vous fournira un triple abri : l'abri de l'affection ; nous pouvons en parler, nous chrétiens, parce que la passion n'est pas le moins du monde la base de la famille, pas plus que la tyrannie n'est un gouvernement. L'affection est la loi du cœur : Dieu a fondé l'union de deux cœurs sur une mutuelle affection, affection qui ira grandissant, qui ne s'en ira pas meurtrie par les circonstances de la vie, et c'est le mot d'une vieille liturgie : *Oh! in mutuo amore vivant et senescant!* qu'ils vivent et qu'ils vieillissent dans cette mutuelle affection !

Mon saint et mon père, saint François de Sales, qui a écrit des pages ravissantes sur le mariage chrétien, a dit que c'est toujours le symbole des noces de Cana. Le vin est meilleur, à mesure qu'on avance dans la vie, sur cette table nuptiale que Dieu a préparée.

Vous vous aimerez, non pas à cause des fragilités humaines, non pas à cause des charmes de cette jeunesse, non pas à cause de ces embellissements ou de ces parures passagères, vous vous aimerez dans vos âmes. Vos âmes grandiront toujours plus belles! Vos cœurs apprendront les secrets des parures divines et les magnificences de la grâce; par conséquent, vous pourrez bien redire que vous grandissez à travers le temps, dans la tendresse, jusqu'à l'heure suprême, d'une affection qui ne sait ni changer ni mourir, dans les joies de cette vie nuptiale, dans un honneur sans tache.

Si la famille est le foyer et l'abri de l'affection, elle est aussi le foyer du dévouement. Vous voudrez bien descendre de votre foyer heureux vers le foyer dévasté du pauvre. C'est pour vous une tradition de famille. Vous connaissez ces joies. Vous irez serrer la main des pauvres; vous aurez, comme Notre-Seigneur le disait à saint Jean, des yeux pour les regarder, un cœur pour les aimer, et en même temps une main pour les servir. Oh! comme la famille chrétienne aime le pauvre!

Ce foyer du dévouement est encore le foyer de la piété. Deux consciences qui s'examinent mutuellement, deux âmes qui se parlent dans la limpidité du regard, deux cœurs toujours ouverts l'un sur l'autre, et qui se perfectionnent dans cette intimité! Je ne connais rien de beau comme ces deux consciences progressant dans la piété. Foyer de l'affection, foyer du dévouement, foyer de la piété! N'ai-je pas dit vos devoirs mutuels, vos devoirs intimes?

Vous, jeune chrétien, vous prendrez le bras de cette jeune épouse tout à l'heure, en sortant de cette église; et elle s'en ira heureuse et fière d'être abritée et appuyée sur un bras digne d'elle. Elle accepte votre nom, elle embrasse votre destinée; elle sera le sourire et le charme de votre existence; vous marcherez désormais ensemble.

Vous grandissez, ah! vous grandissez à une hauteur sublime. Vous avez désormais charge d'âme! cette responsabilité d'une âme qui vous apporte sa jeunesse, sa piété, sa modestie, sa candeur, les souvenirs de sa famille, les joies de son foyer, tout ce qui fait le charme, l'illusion et le bonheur de la vie! Elle vous apporte tous ces trésors. Elle vous dit: C'est à votre cœur que je les confie! je vous confie mon nom, il disparaît dans le vôtre; je vous confie mon cœur, il sera enveloppé du vôtre; je vous confie mon âme, le secret de mon bonheur et le secret de mon éternité; je vous confie tout! Et vous, à peine revêtu de quelque vingt-six ans, il faut que vous portiez cette grande responsabilité de la charge d'une âme!

Vous en êtes digne, j'ose le dire. Vous avez été élevé par ces maîtres chrétiens qu'on insulte maintenant parce qu'ils donnent aux âmes les secrets de la grandeur, de la dignité et de la liberté. Je vous ai vu naguère dans un collége des pères jésuites, dans ce collége de Metz qui est maintenant fermé, mais dont les murailles attristées portent encore cette devise qu'un cœur, qui n'est pas français, peut bien répéter cependant ici: *In spem resurrectionis!* Vous avez été élevé par ces maîtres vénérés, choisis pour vous par votre père, que j'ai eu la joie d'avoir moi-même pour condisciple entre les murs d'un autre vieux collége de jésuites [1], dont

---

1. Le collége de Fribourg.

s'honorait notre ancienne terre helvétique,
quand elle jouissait pleinement des heures de
la paix et de celles de la liberté ! Votre père,
formé par les maîtres qui vous ont formé, —
c'est un souvenir de famille que je rappelle, —
votre père vous a fait trouver à votre foyer,
avec les souvenirs des services rendus à la
France dans les conseils du Roi[1], avec cette
noblesse et cet héritage des traditions chrétiennes, tous les secrets précieux de la charité, de
la bienveillance et du dévouement. Vous avez
goûté à toutes ces grandeurs dès votre enfance,

Cher chrétien, vous avez bien profité de cette
nourriture ; vous avez voulu servir votre pays !
Vous voilà, tenant dans vos mains une épée
vaillante, vraiment préparé à recevoir cette
âme et ce cœur qui aujourd'hui se donnent à
vous : préparé par votre éducation, par les
souvenirs de la famille, par les exemples pater-
nels, par les prières de vos frères et sœurs, par
les tendresses de l'amitié !

Et vous, chère enfant, — c'est un nom que

1. M. le vicomte d'Allard est, par sa mère, petit-fils de
M. de Chantelauze, ministre du roi Charles X.

je peux vous donner, — je vous ai vue sur ma terre bien-aimée de Genève, bien jeune encore, et l'émule des Petites-Sœurs des Pauvres à qui tant de liens vous rattachent. Je vous ai vue, il y a quelques années, aux heures des grandes douleurs de la patrie : votre vie se passait au milieu des vieillards que vous aimiez, près de l'autel où vous priiez, à côté de votre mère, qui vous élevait et vous préparait pour cette heure solennelle et pour celle de l'éternité. Je ne puis raconter les secrets de votre tendresse et de votre piété. L'évêque ne doit pas adresser des éloges à l'heure où il donne des enseignements et des conseils ; mais, vous me permettrez bien de vous le dire, vous tous, Chrétiens qui m'écoutez, l'Église sait être reconnaissante ; et parce qu'elle sait être reconnaissante, elle ne pouvait oublier que cette jeune épouse est la fille d'un vaillant et intrépide chrétien qui, depuis de longues années, au milieu d'une phalange d'esprits armés contre l'impopularité, le dédain et le mépris, sert l'Église avec une plume qui vaut une épée, puisqu'elle épouvante les ennemis de Dieu et les ennemis de la foi.

Laissez-moi vous le redire, l'Église ne peut oublier ; et moi-même je ne puis oublier qu'à la première heure de mon exil, c'est de cette vaillante phalange dont je parle, qu'après la bénédiction de Pie IX, me vinrent les douces et fécondes sympathies de la charité ! C'est donc un acte de reconnaissance que j'accomplis, c'est presque une dette que j'acquitte en venant bénir ce mariage !

A ce foyer paternel, sous les leçons de votre bonne mère, entre votre sœur et votre frère qui est allé, lui aussi, à l'heure des grandes douleurs et des grandes tristesses, se ranger près du trône de Pie IX et porter au souverain Pontife, avec l'ardeur de sa jeunesse, la vaillance d'un cœur de zouave ; à ce foyer paternel, dans les moments où tout était sinistre et douloureux, on ne craignait donc pas de servir l'Église avec énergie et courage. Aussi que les Serviteurs de Dieu, chantés par votre père et traditionnellement honorés dans votre famille ; que cette personne vénérable qui vous abrite de ses cheveux blancs et de ses vertus (laissez-moi la nommer comme vous, ce nom-là est béni de l'Église !) que votre vénérée grand'mère ; que votre tante, l'héroïque et aimable petite-sœur des pauvres, qui a donné sa vie aux fondations des asiles d'Espagne ; que votre mère mêlant ses prières à celles de vos frères et de votre sœur, à celles aussi de toute cette famille qui vous adopte et où vous entrez ; que les Serviteurs de Dieu, dis-je, ces pieuses religieuses de la Visitation des premiers jours de leur berceau, le bienheureux Benoit Joseph Labre, le curé d'Ars, les fondatrices des Petites-Sœurs des Pauvres ; que toutes ces âmes saintes, chantées et glorifiées par la plume de votre père, viennent ici et ajoutent leurs prières et leurs secours célestes à mes prières !

O vous, pieux amis, ô vous, foule chrétienne, ô vous, prêtres du Seigneur, vénéré curé de cette paroisse (qui m'avez cédé, — et je vous en remercie, — l'honneur de donner cette bénédiction nuptiale), unissez-vous dans une prière commune et fervente à nos bénédictions !

Soyez bénis, jeunes époux ; soyez bénie, âme ferme et vaillante ; soyez béni, cœur modeste et pur ! Que ma bénédiction vous escorte dans ce pèlerinage de la vie, qu'elle vous escorte surtout à ces premières heures, dans le voyage vers la Ville éternelle où, dans quelques jours, la bénédiction de l'auguste captif du Vatican descendra sur vous, confirmant mes infimes paroles et affirmant les grandes bénédictions de l'Église ! Allez à Lui ! Quand vous serez à ses pieds, Il reconnaîtra en vous, jeune soldat, un fils de l'Église catholique, un héritier des nobles traditions, un serviteur de l'Église, un soldat de la France qu'Il aime tant ! Et, jeune épouse, Il saluera en vous celle qu'Il connaît déjà par avance, et Il vous dira : Vous êtes bien la fille de celui que j'ai béni naguère, que j'ai goûté si souvent, et à qui j'envoie maintenant la consolation des plus doux auspices en demandant à Dieu de guider et de garder votre avenir !

Ainsi, jeunes époux, que s'arrêtent et reposent toujours sur vous ces bénédictions de la sainte Église et du vicaire de Jésus-Christ, celles de la famille et de l'amitié ; celles de tous les amis de Dieu, celles particulièrement des Petites-Sœurs des Pauvres, — c'est par

elles que je veux finir ! — que toutes ces bénédictions multiplient de longues années sur la
table de votre vie, le pain chrétien et le pain
du bonheur !

Manum suam misit ad fortia, et digiti ejus apprehenderunt fusum.
PROV., XXI, 20.

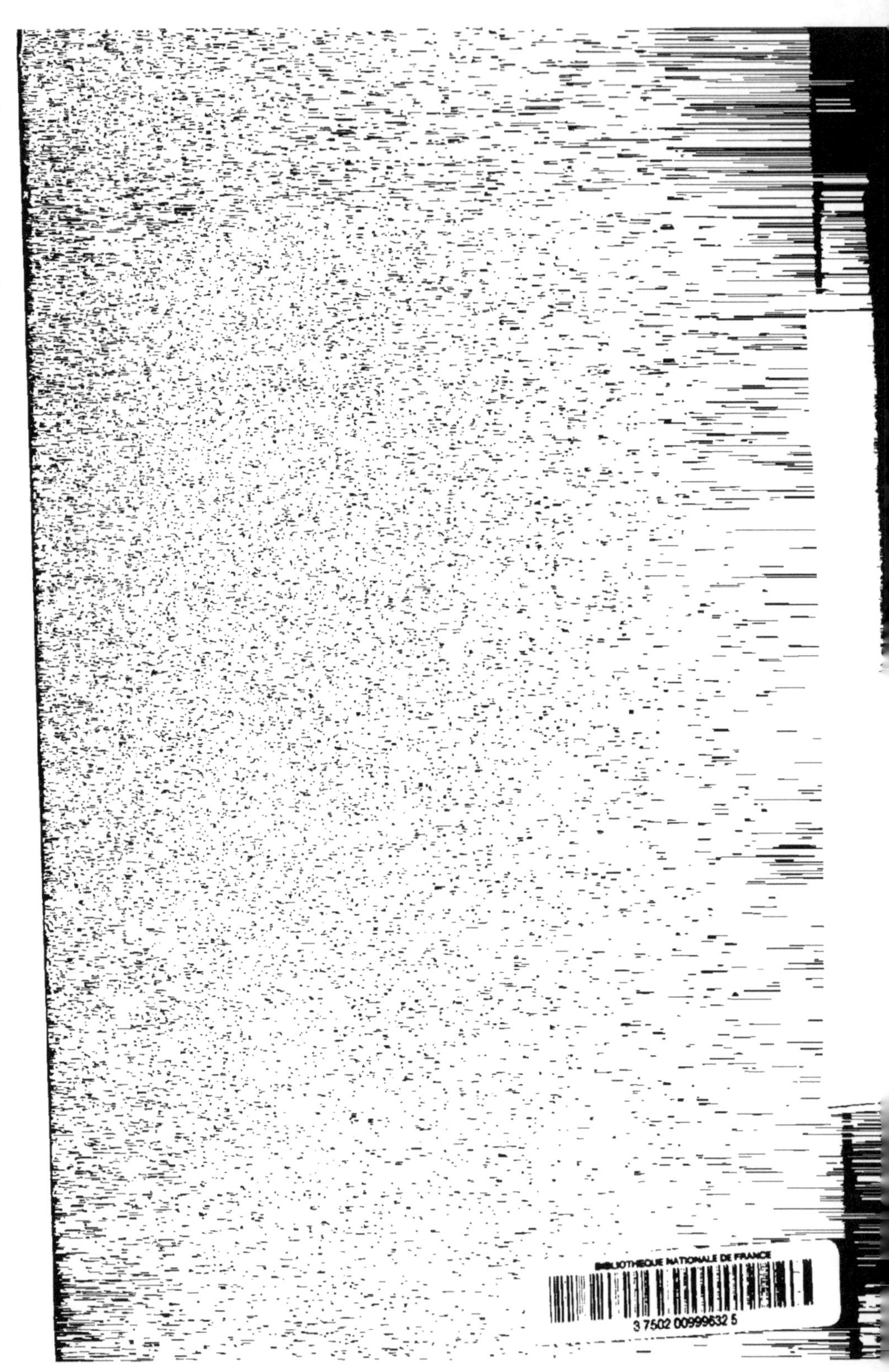